# SAINT LIÉBAUT

## SON CULTE DANS LE DIOCÈSE DE TROYES

PAR M. L'ABBÉ CH. LALORE

Ancien Professeur de Théologie au Grand-Séminaire de Troyes

TROYES

LÉOPOLD LACROIX, LIBRAIRE

RUE NOTRE-DAME, 83

—

1884

# SAINT LIÉBAUT

## SON CULTE DANS LE DIOCÈSE DE TROYES.

Les Bollandistes et les Bénédictins demandent des renseignements sur le culte de notre saint Liébaut.

Pour répondre à ces désirs, nous allons résumer brièvement les faits et les opinions qui regardent le culte de saint Liébaut dans le diocèse de Troyes. Nous regrettons vivement que sa vie soit complètement inconnue, aussi bien que les circonstances et l'époque de son martyre ; nos saints Oulph et Pouange partagent le même sort. Il est vraisemblable que ces trois martyrs, ainsi que saint Mesmin et ses compagnons (dont nous ne savons pas même le nom), furent les victimes glorieuses de la cruauté d'Attila et de ses hordes barbares.

I. — PREMIER FAIT : SAINT LIÉBAUT A ÉTÉ HONORÉ DANS LE DIOCÈSE DE TROYES DU CULTE QUE L'ÉGLISE REND AUX SAINTS.

Disons d'abord que le culte immémorial de saint Liébaut dans le diocèse de Troyes est un fait uni-

versellement admis et que personne n'a jamais
contesté. A la vérité le nom de saint Liébaut n'a
jamais été inscrit au calendrier diocésain ; mais nous
trouvons trois principales ramifications du culte de
saint Liébaut dans le diocèse de Troyes, à Saint-
Liébaut (maintenant Estissac), au prieuré de Saint-
Mesmin et à Notre-Dame-aux-Nonnains de Troyes.

1° Le village (ou la paroisse) de Saint-Liébaut,
qui a pris le nom d'Estissac en 1737, remonte à
une haute antiquité, quoique le document le plus
ancien qui en fasse mention (à notre connaissance)
soit seulement du 8 mars 1164 [1]. L'église est sous
le vocable de saint Liébaut au moins depuis 1164 ;
et la fête patronale a toujours été célébrée comme
elle est encore célébrée aujourd'hui, le 11 août.

2° Au prieuré de Saint-Mesmin (Aube), dépen-
dant de l'abbaye de Montier-la-Celle, était conservé
et vénéré le chef de saint Liébaut, enfermé dans
la même châsse avec les précieux restes de saint
Mesmin. L'antique châsse de saint Mesmin fut ou-
verte le 15 avril 1554, et d'après le procès-verbal
de visite que Camusat a lu en 1608, on trouva avec
les reliques une *vieille inscription* ainsi conçue :
*Hic habentur ossa S. Memorii, martyris, cum capite
ejusdem, et cum capite S. Lebaudi* [2].

3° A Notre-Dame-aux-Nonnains, abbaye de

1. Bulle d'Alexandre III dans notre *Cartul. de Montier-la-
Celle*, p. 223.
2. Camusat, *Promptuar.*, fol. 433 v°.

l'ordre de saint Benoit, nous trouvons la principale ramification du culte immémorial de saint Liébaut. Le plus ancien monument qui en reste est l'Office du saint, marqué dans un Calendrier et dans un Ordinaire (ou Ordo) qui ont été à l'usage de Notre-Dame-aux-Nonnains. Le Calendrier a été écrit vers le milieu du xiiie siècle [1] ; l'Ordinaire a une date précise « cest livres est finez en l'an de grâce mil deucens et quatre-vingt et sept ou mois de décembre [2]... » Dans ces livres liturgiques la translation de saint Liébaut à XII leçons, selon le rite bénédictin, est marquée au 8 avril, et la fête du saint au 8 août.

Le Bréviaire de Notre-Dame-aux-Nonnains, imprimé en 1543 et « fini le 15 octobre 1544 » est entièrement conforme à l'Ordinaire de 1287.

On retrouve encore les deux fêtes aux mêmes jours, dans l'*Office propre des festes à l'usage des religieuses de Nostre-Dame de Troyes*, imprimé en 1640, et qui fut suivi jusqu'à la Révolution.

De plus, un bras de saint Liébaut, enfermé dans un reliquaire précieux, était vénéré à Notre-Dame-aux-Nonnains ; c'est à cette sainte relique que se rappporte la fête de la Translation indiquée dans le Calendrier et l'Ordinaire écrits au xiiie siècle.

Le culte de saint Liébaut dans le diocèse de

---

1. Bibliot. de Troyes, ms 1180. Ce manuscrit a appartenu à Notre-Dame-aux-Nonnains, puis à l'église Saint-Jean de Troyes, au xve siècle, puis à l'Oratoire de Troyes.
2. Bibliot. de Troyes, ms. 792.

Troyes est donc un fait historique certain et incontestable.

## II. — Deuxième fait : saint Liébaut a été honoré comme martyr dans le diocèse de Troyes.

Etablissons un second fait non moins certain : Saint Liébaut a été honoré chez nous comme martyr.

Le Calendrier du XIII<sup>e</sup> siècle, cité plus haut, porte au 8 avril : « VI id. (april.) Translatio sancti Leubaudi, mart., XII lect. » et au 8 août : VI id. (aug.) Leubaudi, mart. »

Dans l'Ordinaire de 1287, cité plus haut, l'Office de saint Liébaut, à XII leçons le 8 avril, et à IX leçons le 8 août, est pris au commun des martyrs non-pontifes de l'Office monastique. Nous donnons le texte de l'Ordinaire :

### [L'OFFICE.]

« VI id. april. *De saint Liébaut.* Le soir à vespres, le chapitre *Iste sanctus.* Le respont *Ora pro nobis,* et sont II dames au dire. L'inne *Deus tuorum.* Le verset *Ave martyr inclite.* L'antene de Magnificat *Sancte Leubaude.* La collecte *Adesto Domine.* A matines, lou victatoire *Regem sempiternum.* Le saume *Venite.* L'inne *Martyr dei qui unicum.* L'antene dou premier noctur *In lege Domini.* Lou saume *Beatus vir.* Le premier respont *Iste sanctus*; le secont *Justus germinabit*; le tiers *Iste cognovit justitiam*; le quart *Ora pro nobis,* et sont II dames au dire.

« L'antene dou secont noctur *Habitabit in.* Le

saume *Domine quis habitabit*. L'antene *Posuisti Domine*. L'autre antene *Hic accipiet*. L'antene *Letabitur*. Le saume *Exaudi Deus orationem meam*. L'antene *Beatus quem elegisti*. Le saume *Te decet*. L'antene *Justus ut palma*. Le saume *Bonum est*. Le verset *Posuisti Domine*. Le quint respont *Stolam jocunditatis*; le sisame *Corona aurea*; le septesme *Beatus vir qui suffert*; l'uitesme *Sancte Leubaude*, et sont ii au dire.

« L'antenne des cantiques *Qui odit animam*. Les cantiques *Beatus vir*. Le verset *Magna est gloria*. Les leçons li sont *Qui non bajulat crucem*, et les autres leçons *quia natale*. Si sa viennent à la feste devant la miost que nos feisons de lui, l'esposition de l'évangile *Si quis vult post me*. Lou novaime respont *Venerande martyr*; le diseme *Martyr Christi*; l'unzeme *Festus nobis est*; le dozeme *O martyr Christi*, et sont ii au dire, et le doit l'en recomencier. Et puis *Te Deum laudamus* et puis *Te decet*, le grant. La collecte *Adesto domine*.

« L'antene des laudes *Qui me confessus*. Le saume *Dominus regnavit*, et les autres en suivant. Le chapitre *Iste sanctus*. Le respont *Sancte Leubaude*. L'inne *Precamur tantum martyrem*. Le verset *Ave martyr inclite*. L'antene de Benedictus *Sancte Leubaude*. La collecte *Adeste domine*.

« A prime, l'antene *Qui me confessus*. A tierce, l'antene *Qui sequitur me*. Le chapitre *Iste sanctus*. Le verset *Gloria et honore*. La collecte *Adesto domine*. A midi, l'antene *Si quis michi*. Le chapitre *Stolam jocunditatis*. Le verset *Posuisti Domine*. La collecte, si panrons du commun des Seinz. A none, l'antene *Volo pater*. Le chapitre *Corona aurea*. Le verset *Magna est gloria*. La collecte si panrons dou commun des Seinz.

« A vespres, l'antene sur les saumes *Virgam virtutis*, le saume *Dixit dominus*. L'antene *Potens in terra*, le saume *Beatus vir*. L'antene *Collocet*. Le saume *Laudate pueri*. L'antene *Dirupisti*, le saume *Credidi*. Le chapitre *Iste sanctus*. Le respont *Justus germinabit*. L'inne *Deus tuorum*. Le verset *Ave martyr inclite*. L'antene de Magnificat *Ave martyr gloriose*. La collecte *Adesto domine*.

« Il est à savoir que se feste seint Liébaut se vient ou temps Pasqueret si ne muruns néant de vespres, fors l'antene de Magnificat qui est *Filie Jerusalem*. A matines, le victatoire *Alleluia*. L'antene dou premier noctur *Alleluia in velamento*. Lou premier respont *Beatus vir qui metuit ;* le second respont *De ore prudentis ;* le tiers *In diademate ;* le quart *Ora pro nobis,* et sont ɪɪ dames au dire.

« L'antene dou secont noctur *Alleluia lux perpetua ;* le quint respont *Lux perpetua ;* le sisame *Docete filios vestros ;* le septesme *Beatus vir ;* l'uitesme *Filie Jesusalem,* et sont ɪɪ dames au dire. L'esposition de l'évangile *Ego sum ;* le novaime respont *Ego sum ;* le diseme *Letabuntur ;* l'unzeme *Festus nobis ;* le dozeme *O martyr,* et sont ɪɪ au dire, et le doit l'en recomencier. *Te deum* et *Te decet* le grant. La collecte *Adesto Domine*. L'antene des laudes *Alleluia in*

*celestibus,* et les autres en suivant. L'antene de Be-
dictus *Ego sum vitis.* A l'antene de prime *Alleluia :
In velamento.* A tierce, l'antene *Alleluia. Sancti et
justi.* A midi, l'antene *Alleluia. Lux perpetua.* A
none, l'antene *Alleluia. In celestibus.* A vespres,
l'antene sur les saumes *Alleluia. Ego sum.* L'antene
de Magnificat *Si manseritis in me.* La collecte *Adesto
Domine.* (Fol. 114, v°.) »

VI id. augusti. Sancti Leubaudi. A vespres, l'antene sus les saumes *O Leubaude.* Lou chapitre *Iste
sanctus.* Lou repons *O martyr Christi.* L'inne *Deus
tuorum.* Lou verset *Ave martyr inclite.* L'antene de
Magnificat *Sancte Leubaude,* et la doit len comencier
III foiz. La collecte *Adesto Domine.* Et doit la chantre
tenir ces vespres. Et puis li faisons memoire de ces
seinz : Cyrici, Ciriaci, Largi et Mauradi. L'antene
*Absterget Deus.* Lou verset *Mirabilis.* La collecte
*Deus qui nos annua.* A matines, lou victatoire *Regem
sempiternum.* Lou saume *Venite,* et le tient la chantre
et III de ses compaignes avec li... [*cetera ut supra
VI aprili.*] (Fol. 229, r°.)

[La Messe.]

Sancti Leubaudi. L'entroite de la messe *Letabitur
justus.* Lou ver *Exaudi Deus orationem. Kyrie eleison.*
La collecte *Adesto Domine.* L'épitre *Justus si morte.*
Lou respont *Posuiste Domine.* Lou trait *Desiderium
anime.* Et si sa vient ou temps Pasqueret si diront
II alleluies une de la Résurection et l'autre *Sanctis-
sime confessor,* et si i aurait sequence *Da nobis qui-
bus* et l'Evangile *Ego sum vitis* et l'évangile de Ka-

resme *si quis vult*. L'offerande *Gloria et honore*. Lou postcommenion *Letabitur justus*. (Fol. 19, r°.)

Dans le Bréviaire de 1543, on lit au Calendrier :

« VI id. aprilis. Translatio S. Leobaudi, mart., XII Lect. »

« VI id. augusti. S. Leobaudi, mart. Festum duplex. »

L'Office, intitulé « de sainct Liébaut, martyr, » au 8 avril et au 8 août, est entièrement conforme à la rubrique de l'Ordinaire de 1287 ; c'est l'Office du Commun d'un martyr non-pontife. Les huit leçons des deux premiers nocturnes *Qui non bajulat... Quia natale...* contiennent, sans nommer saint Liébaut, une exhortation à la Patience chrétienne, qui est le martyre spirituel par lequel, sans verser réellement notre sang, nous imitons en quelque façon les saints martyrs et nous devenons nous-mêmes martyrs d'intention et de volonté.

La paroisse de Saint-Liébaut, au rapport de Desguerrois [1], honorait son saint patron sous le titre de martyr : « l'Office se dit (en 1647) d'un saint martyr non évesque...; » et son image « est eslevée en bosse, et habit et dalmatique d'un diacre, dans l'église de ce bourg qui porte son nom. »

Il est clair que les religieux de Saint-Mesmin vénéraient saint Liébaut comme martyr, puisqu'ils placèrent son chef avec celui du diacre saint Mesmin, leur patron ; peut-être même qu'on pour-

---

1. *La Saincteté Chrestienne...*, fol. 177 r°.

rait dire sans témérité qu'ils regardaient saint Liébaut comme l'un des compagnons de saint Mesmin, et comme lui diacre de l'église de Troyes. Cette opinion expliquerait l'ancienne image de notre saint martyr qui se voyait en 1637 dans l'église de Saint-Liébaut.

Si nous consultons les monuments hagiologiques étrangers au diocèse de Troyes, nous trouvons la *Translatio S. Leobaldi* (Leubodi, Libaudi), *martyris*, à Troyes, mentionnée au 8 avril, et sa fête (*dies natalis*) au 7 ou au 8 août :

Dans le Martyrologe manuscrit du Carmel de Cologne ; dans les *Auctaria* du chartreux Grevenus au Martyrologe d'Usuard, en 1515 ; dans le Martyrologe de François Maurolyco, en 1527 ; dans le *Catalogus generalis Sanctorum* du P. Ferrari, en 1625 ; dans le *Martyrologium Gallicanum* d'André du Saussay, en 1637 ; les PP. Godefroy Henschen et Daniel Papebrock dans les *Acta Sanctorum*, en 1675, notent aussi la *Translatio S. Leobaldi, martyris*, au 8 avril parmi les *Prætermissi;* enfin on lit dans la *Vie des Saints* du P. Giry, 1682, supplément au 8 août : « Au diocèse de Troyes, de S. Léobald, martyr. »

Le P. Bollandus remarque que dans les documents qu'il a consultés 1° le *dies natalis* de saint Liébaut est marqué tantôt au 7 et tantôt au 8 d'août ; 2° qu'il est qualifié de martyr ; 3° qu'il a cueilli la palme du martyre dans le diocèse de Troyes. Cette remarque du P. Bollandus est enregistrée en 1734 dans les *Acta Sanctorum*, au 7 août dans les *Prætermissi*, par les PP. du Sollier, Pien, Cuypers et Van den Bosch qui ont édité les Actes des Saints du mois d'août.

André du Saussay, dans le *Martyrologium Galli- canum*, résume l'ancienne tradition sur ce point :

« VI° id. augusti. In territorio Trecensi Natalis sancti Leobaldi, martyris. »

C'est donc un fait certain et incontestable que dans le diocèse de Troyes saint Liébaut a toujours été regardé et honoré comme martyr.

III. — OPINION DE DESGUERROIS. — CONSÉQUENCES.

1. Mais cette même année, 1637, Desguerrois, dans la *Saincteté Chrestienne*[1], attaquait l'antique tradition troyenne et le culte immémorial rendu à saint Liébaut, martyr. Entraîné, sans doute, par le désir de donner une légende à notre saint martyr, dont la vie est tout-à-fait inconnue, Desguerrois canonise un certain Liébaut, abbé, et l'identifie avec notre saint Liébaut, martyr. Voici en substance la fiction de Desgeurrois :

Liébaut fut abbé de Saint-Aignan d'Orléans, puis fondateur de l'abbaye de Fleury-sur-Loire. C'était un homme d'une douceur admirable, qui endura le martyre moral de la patience chrétienne. Son chef, avec celui de saint Mesmin, repose dans une même châsse au prieuré de Saint-Mesmin, diocèse de

1. Fol. 174 v°-177 r°.

Troyes ; l'un de ses bras est vénéré à l'abbaye de Notre-Dame-aux-Nonnains de Troyes ; et la paroisse Saint-Liébaut, dans le même diocèse, porte, de temps immémorial, le nom du saint abbé.

2. Cette opinion prit facilement faveur chez nous ; car, outre que la légende de saint Liébaut, martyr, était inconnue, Desguerrois, à cette époque, faisait autorité dans le diocèse de Troyes en matière d'hagiographie. Dès le 30 mai 1683, il avait reçu une lettre élogieuse de l'évêque René de Breslay, qui, reconnaissant son talent et sa science, l'encourageait à travailler à la Vie des Saints du diocèse. En 1637, Desguerrois faisait paraître la *Saincteté Chrestienne*, où il expose son opinion sur saint Liébaut ; ce livre fut reçu par tout le diocèse avec l'accueil, sauf quelques réserves, le mieux mérité. Le 12 avril 1638, une nouvelle lettre de René de Breslay excitait le zèle de l'hagiographe troyen qui revoyait les matériaux et préparait la rédaction de l'*Ephimeris Sanctorum* du diocèse de Troyes.

Il est donc facile d'expliquer que dans *L'Office propre des festes à l'usage des religieuses de Nostre-Dame de Troyes*, imprimé en 1640, avec la permission de René de Breslay, évêque de Troyes, on trouve :

« Le VIII avril. La feste de la Translation S. Liébaut, abbé. Double. L'office comme au commun des confesseurs non-pontifes... »

« Le VIII d'aoust. Sainct Liébault, abbé. Double.

L'office comme au commun des confesseurs non-pontifes... » Au 8 avril et au 8 août tout l'office est indiqué au commun des confesseurs non-pontifes selon le rite romain. Les bénédictines de Notre-Dame-aux-Nonnains avaient obtenu de la Congrégation des Rites, le 25 février 1606, l'autorisation de réciter le Bréviaire Romain [1].

L'*Invantaire des reliques... de Nostre-Dame de Troyes*, rédigé le 20 janvier 1664, porte, n. 6 : « Un bras d'argent où il y a un fracguements du bras de S. Liébaut, abbé. » Ce texte prouve que les religieuses de Notre-Dame-aux-Nonnains persistaient dans leur attachement à l'opinion de Desguerrois.

Le pieux hagiographe Troyen avait publié, en 1641, l'*Ephimeris Sanctorum insignis ecclesiæ Trecensis jussu et authoritate Il. et Rev. in Christo patris DD. Renati* de Breslay, *episcopi Trecensis;* et la seconde édition *suis mendis repurgata et historiis*

---

1. Archiv. de l'Aube, 22 H. cart. 1, *origin.* Les religieuses avaient exposé que « a multo tempore citra, juxta constitutionem fe. re. Pii PP. V super Breviario, solitas esse recitare in choro officium juxta formam Breviarii Romani; et quia adhuc dicti Breviarii Romani usus generaliter introductus non est in omnibus monasteriis dicti ordinis S. Benedicti, pro earum conscientiæ securitate, et ad omnem scrupulum tollendum, dictæ moniales petierunt, ut recitando dictum officium juxta formam Breviarii Romani in choro, regulæ suæ S. Benedicti satisfaciant. Eadem S. Rituum Congregatio dictas moniales laudavit, et eas satisfacere regulæ suæ declaravit, recitando in choro officium juxta formam Breviarii Romani, ac si illud juxta formam regulæ S. Benedicti, recitassent; nec super præmissis easdem moniales a quoque molestari, seu turbari posse censuit et declaravit. Die XXV februarii 1606.

*aucta et illustrata* parut en 1648. L'*Ephimeris* avait une très grande importance au point de vue hagiographique ; car ce livre était destiné à servir de *Propre diocésain* pour les clercs qui récitaient le Bréviaire Romain, il devenait donc un document liturgique. Nous lisons au fol. 61 v° de l'édition de 1648 : « 8 vel 11 augusti. S. Leobaldi, abbatis. Leobaldus, abbas, Floriacensis monasterii author fuit et fundator, prius abbas cœnobii Sancti Aniani... » Dans cette leçon Desguerrois condense la vie du saint Liébaut, abbé, qu'il a exposée au long dans la *Saincteté Chrestienne*.

Au commencement de cette même année, 1648, Desguerrois achevait de revoir et de corriger le Martyrologe Troyen qui fut renvoyé, le 15 janvier, à l'examen de Nicolas Camusat [1]. Conséquent avec lui-même, l'auteur de *La Saincteté Chrestienne* s'empressa de faire les honneurs du Martyrologe [2] à son saint Liébaut, abbé. Nous donnons le texte du Martyrologe :

« VI° id. april. Trecis, translatio brachii S. Leobaldi, abbatis, in monasterio monialium Sanctæ Mariæ Trecensium, ubi a devotis populis colitur. »

« VI° id. aug. In Floriaco monasterio natalis S. Leobaldi, abbatis, miræ patientiæ viri, cujus caput est in prioratu Sancti Memorii, et brachium

1. Archiv. de l'Aube, G. 1300, Délibérat. du 31 juin 1647 et du 15 janvier 1648.

2. Nous possédons une copie du Martyrologe Troyen, réformé en 1648.

in monasterio Sanctæ Mariæ ad Moniales Trecen-
ses. »

Le culte de saint Liébaut, abbé, était donc intro-
nisé dans la liturgie diocésaine. Mais cette gloire
fut éphémère ; car, en 1652, Malier du Houssay,
évêque de Troyes, ayant réformé l'ancien Bréviaire
Troyen d'après les Rubriques et le Calendrier du
Bréviaire Romain, le nouveau saint Liébaut, abbé,
fut exclus du Propre des Saints de Troyes, et rayé
du Martyrologe Troyen, réformé en 1688 par Denis-
François Bouthillier, évêque de Troyes [1].

Les ecclésiastiques qui ont confectionné le Bréviaire Troyen imprimé en 1829 et réimprimé en
1840, ont cru devoir réprouver l'opinion de la
commission liturgique de 1652 et de 1688 pour
adopter celle de Desguerrois ; et, en conséquence,
ils ont réintégré dans le Calendrier diocésain la fête
de saint Liébaut, abbé, au 11 août « commem.
S. Leobaudi, abb. »

L'opinion de Desguerrois rentrait en grâce et
triomphait hautement chez nous ; mais on connaît
l'autorité des liturgies gallicanes confectionnées
dans la première moitié du xix· siècle.

Vingt-deux ans plus tard, en 1847, lorsque le
diocèse de Troyes reprit la Liturgie Romaine, qu'il
avait abandonnée en 1718, le saint Liébaut, abbé,
fut écarté des *Officia propria sanctorum pro clero ci-*

1. Nous possédons une copie du *Supplementum Festorum diœcesis Treçensis ad Martyrologium Romanum*, 1688.

*vitatis ac diœcesis Trecensis* et disparut de nouveau de notre Liturgie diocésaine [1].

IV. — CE QU'IL FAUT PENSER DE LA LÉGENDE DE SAINT LIÉBAUT, ABBÉ, C'EST-A-DIRE DE L'OPINION DE DESGUERROIS.

Disons d'abord ce qu'il faut entendre par *légende*. Les légendes, dans l'acception stricte et vraie du mot, sont des abrégés historiques des Actes des Saints insérés dans l'Office divin. Par légende on entend aussi la narration historique de la passion d'un martyr ou de la vie d'un saint, qui est donnée *in extenso* ou en abrégé dans un manuscrit ou dans un livre, sans rapport direct avec la liturgie : telle est, à première vue, la légende de saint Liébaut, abbé, donnée par Desguerrois. Mais dans ces deux sens les légendes appartiennent à l'histoire, c'est-à-dire qu'elles doivent exposer des faits authentiques et repousser tout ce qui est controuvé ; c'est pourquoi toutes les légendes, même celles du Bréviaire Romain à certaines conditions [2], peuvent être exami-

1. En dehors du diocèse de Troyes l'opinion de Desguerrois pénétra dans une compilation qui manque souvent de critique, le *Martyrologe universel* de Claude Chastelain, imprimé en 1709, où on lit, dans les *Additions* au 11 août : « Ce même jour, S. Liébaut, abbé de Saint-Agnan d'Orléans, fondateur de Saint-Benoît sur Loire ; dont le corps est au prieuré de Saint-Mémirs (Saint-Mesmin), en Champagne. »

2. Benoit XIV (de Canonizat. l. IV, part II, C. XIII, n. 5) après avoir dit que le seul fait de l'insertion des légendes dans le Bréviaire Romain donne à ces légendes une très grande autorité « non modicum auctoritatis pondus, » ajoute : « Attamen ita ut

nées et discutées. On ne nous accusera donc pas d'impiété si nous soumettons la légende de *saint Liébaut, abbé,* au contrôle de l'examen et de la discussion, et si nous prouvons que cette légende, c'est-à-dire l'opinion de Desguerrois, ne se soutient pas devant la critique historique.

1° *La légende dans laquelle Desguerrois affirme l'identité de saint Liébaut, martyr, avec l'abbé Liébaut, est sans valeur historique.*

En 1637, Desguerrois publie la légende dans laquelle il nie l'existence propre de notre saint martyr Liébaut et affirme son identité avec l'abbé Liébaut. Mais : 1° D'où vient cette légende ? Dans quels monuments manuscrits ou imprimés se trouve-t-elle ? Quel est l'âge, quelle est l'autorité de ces monuments ? Desguerrois reste muet sur ces questions de si haute importance et il manque au pre-

velitum existimari non possit, debita cum modestia, et non sine gravi fundamento, quæ contingent in factis historicis difficultates exponere, easque judicio Sedis Apostolicæ supponere ut eorum subsistentiam perpendat hypothesi quod manus admoveatur ad Breviarii correctionem. » Benoit XIV vient de tracer les règles de la critique autorisée dans l'Eglise par rapport aux légendes du Bréviaire Romain :

1° Il n'est pas défendu d'exposer les difficultés historiques qui se trouvent dans les légendes ;

2° Mais il faut exposer ces difficultés avec toute la modestie qui convient en pareil cas ;

3° Il faut que la critique s'appuie sur des raisons graves :

4° Ces raisons doivent être soumises au Saint-Siége, juge en dernier ressort dans la question ;

5° C'est au Saint-Siége qu'il appartient, dans l'hypothèse d'une nouvelle correction du Bréviaire, de peser la valeur des objections faites par la critique, et d'agir en conséquence.

mier devoir de l'historien qui est d'indiquer ses sources et ses auteurs.

2° Desguerrois, dans cette légende, nie l'existence propre de notre saint martyr Liebaut, et rejette ainsi une tradition locale qui se perd dans la nuit des temps et qui est attestée, comme nous l'avons prouvé, par des monuments d'une valeur incontestables Or, par quelle démonstration Desguerrois conclue-t-il à rejeter un fait si fortement appuyé ? Nous lui adressons cette sommation de l'Ecole : *Da rationem negati ;* et il ne répond rien, il se contente de nier.

3° Dans la même légende Desguerrois affirme l'identité de notre saint martyr avec l'abbé Liébaut. Cette opinion en 1637 était tout à fait nouvelle ; il fallait donc la légitimer par des arguments sérieux. Mais Desguerrois ne se met pas en peine de démontrer son assertion, il la pose en fait, et il n'en donne aucune preuve. Or, tout le monde conviendra que ces procédés ne sont pas scientifiques, et qu'ils attaquent les premiers principes de la critique autant qu'ils sont opposés à la vraie méthode historique.

*2° L'opinion de Desguerrois qui affirme l'identité de saint Liébaut, martyr, avec l'abbé Liébaut, nie ou dénature le martyre qu'a subi notre saint.*

Nous avons constaté plus haut que de toute antiquité, notre saint Liébaut avait été regardé et vénéré comme vrai martyr de Jésus-Christ à Saint-Liébaut, au prieuré de Saint-Mesmin et à Notre-Dame-aux-Nonnains de Troyes. Or, d'après Benoit XIV qui résume l'enseignement de saint Thomas, de Cajetan, de Vasquez, la tradition théologique a toujours entendu par martyr proprement dit celui qui endure volontairement une mort violente pour la cause de Jésus-Christ ou de sa religion[1]. D'ailleurs la tradition liturgique reconnaît exclusivement comme martyrs les saints qui ont souffert une mort violente pour la cause de Jésus-Christ. C'est à ces saints qu'elle réserve par antonomase le nom de martyrs dans le Calendrier et le Martyrologe, et c'est uniquement à ces mêmes saints qu'elle attribue la Messe et l'Office *De martyribus*. Il n'y a donc qu'une manière d'être martyr dans le sens strict du mot.

De plus, selon l'enseignement de Benoit XIV, celui qui a seulement le désir et la volonté de souffrir le martyre n'est pas vraiment martyr, quoiqu'il puisse avoir autant et plus de mérite que s'il était martyr dans le sens vrai et strict du mot[2].

Neuf ans après que Desguerrois eut publié la légende dans laquelle il expose sa théorie du martyre de l'abbé Liébaut, la Sacrée Congrégation de l'Index condamnait, en 1646, le livre *de martyrio per pestem* du jésuite Théophile Raynaud. Ce théologien prétendait qu'il fallait compter parmi les vrais martyrs les saints morts de la peste en soignant les pestiférés. La Sacrée Congrégation corrige le texte

1. *De Canoniz.*, l. III, C. XI-XX.
2. *Ibid.* C. XI, n. 4-9.

du P. Théophile Raynaud, en rétablissant la véritable acception du nom de martyr : « Qua Patres, doctores, Ecclesia vocant illos, qui in pugna et certamine cum tyranno propter Deum vitam non resistentes ponunt... ideo per excellentiam sive antonomastice Martyres appellantur ; qui soli cultum martyrum in Ecclesia obtinuerunt, et martyrum nomine in acceptione apud Ecclesiam hactenus usitata censentur[1]. »

Après cet exposé de principes et de faits, pesons le résumé de la légende de Desguerrois : « Non pas, dit-il[2], que S. Liébaut ait esté *martyr d'effect* ; mais à raison de son éminante patience, il a esté *martyr de volonté*, comme le disent les leçons qui se lisent aux matines de sa feste, et en son vray estat il estoit abbé. »

De cette explication : 1° Il ressort clairement que Desguerrois nie que notre saint Liébaut a été *martyr d'effect* ou martyr dans l'acception rigoureuse du mot, telle que nous l'avons exposée plus haut ; et par là même Desguerrois attaque le culte traditionnel qui a été rendu à notre saint martyr. En cela l'inventeur du nouveau saint Liébaut procédait logiquement, car il était impossible d'identifier un vrai martyr de la foi, dans le sens strict du mot, avec un abbé qui n'a pas enduré le martyre.

2° Desguerrois, après cette négation, semble toutefois revenir sur ses pas. Pour faire accepter son système d'identité, sans trop heurter la tradi-

---

1. *De Canoniz.*, C. XI, n. 8.
2. *La Saincteté...*, fol. 176 r° et 177 r°.

tion qui de temps immémorial regardait et vénérait notre saint Liébaut comme un vrai martyr de la foi, il essaie de transformer son saint Liébaut en un martyr d'une nouvelle espèce, *un martyr* de désir ou *de volonté*. Mais, après ce qui a été dit plus haut du martyre de désir et de volonté, il est clair pour tout le monde que Desguerrois, en rendant à saint Liébaut son titre de martyr le dénature, il amoindrit et ternit la plus belle gloire de la vie de notre saint. D'ailleurs l'objection du culte traditionnel rendu au martyr de la foi reste entière, impossible de dissoudre cette montagne, impossible d'escamoter cette difficulté qui rend entièrement inadmissible l'hypothèse de l'identité d'un saint martyr avec un simple confesseur.

3° *Desguerrois s'appuie sur une fausse allégation ou citation pour affirmer que notre saint Liébaut a été seulement martyr de désir et de volonté.*

Desguerrois, voulant établir son hypothèse de l'identité de notre saint martyr avec son abbé de Saint-Aignan, comprit qu'il fallait avant tout prouver que notre saint Liébaut « avoit esté martyr de volonté » seulement, ce qui rendait l'hypothèse possible ; mais parce que sa proposition venait se heurter à une tradition immémoriale, consacrée par la liturgie, Desguerrois chercha à l'appuyer sur un argument tiré aussi de la tradition liturgique. C'est pourquoi il pose en fait que notre saint Liébaut a seulement « esté martyr de volonté *comme le disent les Leçons qui se lisent aux matines de sa feste.* » Desguerrois désigne les leçons du Bréviaire de Notre-Dame-aux-Nonnains de 1543-1544 qu'il avait entre les mains [1]. Or, ces leçons qui se trouvent dans le Bréviaire, t. II, fol. CXXIX v°, ne disent d'aucune manière que saint Liébaut « a esté martyr de volonté » pas plus qu'elles ne disent que « en son vray estat il estoit abbé. » Le nom de saint Liébaut ne se trouve pas dans ces leçons. Elles ne sont pas une légende *propre* de notre saint, mais elles contiennent un *Sermo* qui se lisait au *commun* des martyrs ; c'est une exhortation à la patience, vertu qui nous rendra d'une certaine façon les imitateurs des saints Martyrs, en pratiquant le martyre spirituel. Entraîné par l'esprit de système, Desguerrois n'a pas vu qu'il faisait une citation à faux, et que, par une allégation sans fondement, il induisait en erreur ceux qui n'avaient pas sous les yeux le Bréviaire de 1543-1544.

Non seulement, en effet, les leçons de notre saint Liébaut ne disent pas qu'*il a esté martyr de volonté* seulement, ni qu'*en son vrai estat il estoit abbé ;* mais aucun autre document ne contient de pareilles assertions ; de même qu'aucun document connu ne raconte la merveilleuse patience du pseudo-saint Liébaut, abbé.

1. *La Saincteté...,* fol. 177 r°.

*4° L'opinion de Desguerrois ruine de fond en comble le culte de notre saint Liébaut.*

L'opinion de Desguerrois ruine par la base le culte de notre saint Liébaut précisément parce qu'elle l'identifie avec un personnage qui n'a jamais reçu les honneurs du culte que l'Eglise rend aux saints.

Desguerrois transforme, comme par un coup de baguette, saint Liébaut, martyr, en un Liébaut, abbé de Saint-Aignan et fondateur de Fleury-sur-Loire. Or, le P. Daniel Papebrock, dans les *Acta Sanctorum*, parmi les *Prætermissi* du 14 juin, fait observer que l'abbé de Saint-Aignan, fondateur de Fleury, n'a jamais été honoré comme saint. A la vérité dom Trithème, dans son *De Viris illustribus ordinis S. Benedicti* (l. III, C. 102) et après lui dom Wion, en 1595, dans l'*Appendix ad Martyrologium SS. ordinis divi Benedicti*[1] font cette mention : « Beatus Leodebaudus, fundator et abbas monasterii Floriacensis ; » un calendriar manuscrit repète au 14 juin, le texte de Trithème ; enfin, dom Ménard ajoute à ce texte l'observation suivante : « Leodebodus fuit abbas monasterii Sancti Aniani, et fundator cœnobii Floriacensis sub Clodovæo II, ut constat ex ejus testamento, quod Hecbaldus Floriacensis monachus præfixit vitæ Roberti regis[2]. » Mais, dans le grand et savant travail des *Acta Sanctorum ordinis S. Benedicti*, dont les matériaux ont été réunis par dom

---

1. Imprimé dans le t. II du *Lignum vitæ...*, 1595, 2 vol. in-4°.
2. H. Ménard, *Martyrologium SS. ordinis divi Benedicti...*, p. 124, 438.

d'Achery et édités par dom Mabillon et dom Ruinart (1668-1701), il n'est pas question de saint Liébaut, abbé bénédictin. Mabillon dans ses *Annales ordinis Benedictini* (1713-1719) ne donne pas le titre de saint au bénédictin Liébaut, abbé de Saint-Aignan et fondateur de Fleury-sur-Loire, deux abbayes de l'ordre de saint Benoit. On voit que d'Achery, Mabillon et Ruinart n'ont pas goûté la légende de Desguerrois et qu'ils n'ont pas relevé la qualification de *beatus* accordé à l'abbé Liébaut par leur confrère dom Trithème.

Si on consulte la tradition, soit dans l'ordre de saint Benoit, soit en dehors, elle est tout-à-fait muette par rapport au culte de saint Liébaut, abbé. Aucun document liturgique ne dit où il est mort saintement et où il a été honoré ; on ne connaît ni église, ni autel, ni office en son honneur ; ses reliques ne sont vénérées nulle part...

D'après ces données le P. du Sollier[1] conclut donc légitimement dans les *Acta Sanctorum*, au 7 aoùt parmi les *Prœtermissi :* « Si igitur Leobaldum, de quo agit *Desguerrois* in *La Saincteté chrest'enne...* velit sanctis annumerare, is omnino a fundatore Floriacensi distinguendus est. »

### V. — RÉSUMÉ ET CONCLUSION.

Nous croyons avoir prouvé :

1° Que saint Liébaut, de temps immémorial, a été

1. Le P. du Sollier travaillait avec les PP. Pien, Cuypers, Van den Bosch.

vraiment regardé comme saint et qu'il a reçu les honneurs du culte dans le diocèse de Troyes.

2° Que saint Liébaut, de temps immémorial, a été regardé et honoré authentiquement comme martyr de la foi.

3° Que la légende inventée par Desguerrois ne se soutient pas devant la critique historique.

4° Que cette légende nie ou dénature le martyre qu'a subi saint Liébaut.

5° Que Desguerrois s'appuie sur une fausse citation pour affirmer que notre saint Liébaut a été seulement martyr de désir et de volonté.

6° Que l'opinion de Desguerrois ruine de fond en comble le culte de notre saint Liébaut.

C'est donc à tort :

1° Que le culte de saint Liébaut, martyr, a été abandonné pour être rendu au pseudo-saint Liébaut, abbé, 1° par les religieuses de Notre-Dame-aux-Nonnains, 2° par la paroisse de Saint-Liébaut (Estissac).

2° Que la légende du nouveau saint Liébaut a été insérée dans l'*Ephimeris* et que ce prétendu saint a été porté au Martyrologe Troyen de 1648.

3° Que de nos jours la *Commemoratio S. Leobaudi, abbatis,* a été introduite dans le Bréviaire Troyen de 1829.

Imp. Brunard, rue Urbain IV, 85. — Troyes